ICH WAR (K)EIN
WORT NOCH NIE

Do-it-yourself-Edition

HENDRIK BLOEM

Bibliografische Information der Deutschen Nationalbibliothek:
Die Deutsche Nationalbibliothek verzeichnet diese Publikation
in der Deutschen Nationalbibliografie; detaillierte bibliografische
Daten sind im Internet über dnb.dnb.de abrufbar.

Herstellung und Verlag:
BoD – Books on Demand, Norderstedt

ISBN: 978-3-7481-5092-3

ICH WAR (K)EIN WORT NOCH NIE

NAME:

Von __ __ __ __ bis __ __ __ __

[Thema:]

Dieses Buch enthält sauber geschrieben

alle meine

Gedichte	( )
Texte	( )
Notizen	( )
Einkaufslisten	( )
Raps	( )
Wünsche	( )
Leute, die ich verhext habe	( )
Fortschritte	( )
Hausaufgaben	( )
Sonstiges	( )

in Schönschrift.